NOTES BIOGRAPHIQUES

SUR

JULES BLANCARD

ECRITES

PAR LUI-MÊME

MDCCCLXXXVIII

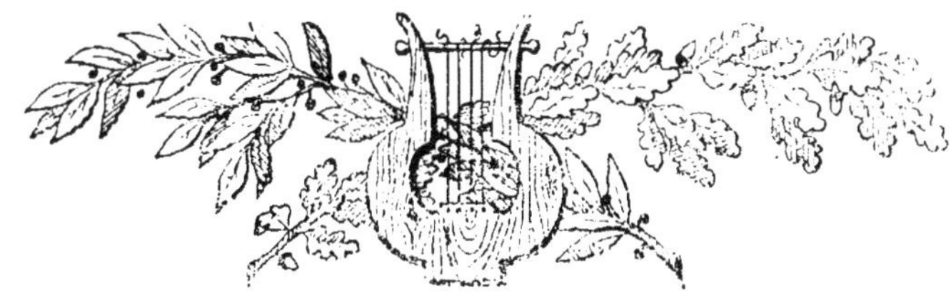

NOTES BIOGRAPHIQUES

SUR

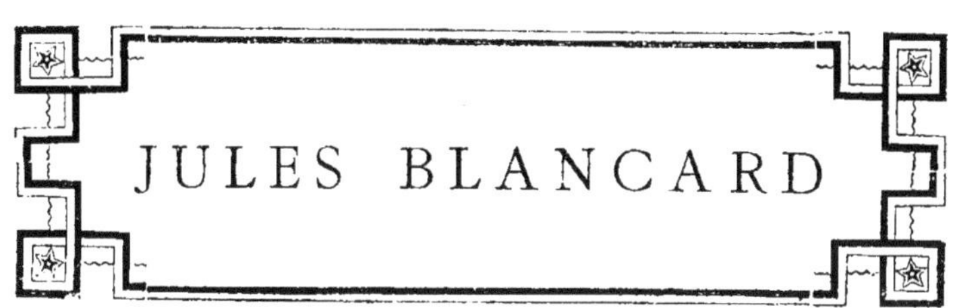

ÉCRITES

PAR LUI-MÊME

MDCCCLXXXVIII

JULES CÉSAR BLANCARD

MON PECCAVI !

Non licet omnibus adire Corinthum.

Sapristi! sacredié ! quel est donc ce grand homme ?
Tant de croix à lui seul !.. C'est quelque chose, en somme
Dix... vingt... quarante... et plus ! Je renonce à compter
Et laisse à ce Titan le soin de les porter !

Est-ce un fils de la Gaule ou de la vieille Rome ?
Quel est donc cet athlète, et comment on le nomme ?
De ses concitoyens, il a dû mériter !...
Or, je serais heureux de l'en féliciter !

— Cher lecteur, vois en moi moins d'art que... d'artifice!
Souvent petit orgueil prime grand sacrifice....
Peut-être suis-je enfant, mais ne suis point vantard :

Je ne suis ni tribun, ni grand puits de science !
Tout petit troubadour, le plus petit de France,
Je suis tout bonnement.... JULES CÉSAR BLANCARD !

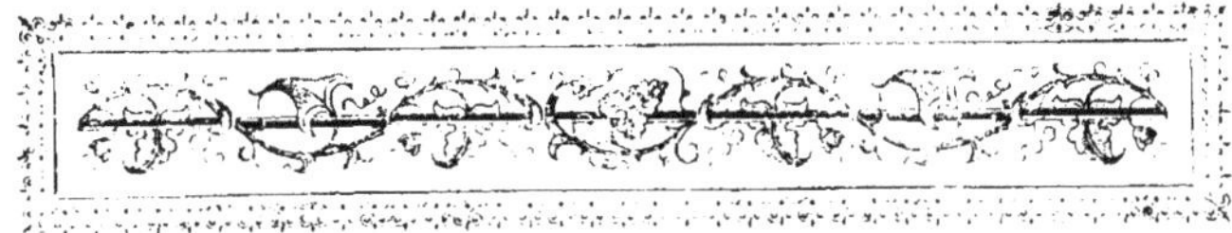

NOTICE BIOGRAPHIQUE

JULES CÉSAR BLANCARD, né le 21 février 1830, à Saint-Paul-Trois-Châteaux, (l'ancien *Augustus-Tricastinorum* des Romains) actuellement bourg de 2. 500 habitants, chef-lieu de canton de l'arrondissement de Montélimar, département de la Drôme, ancienne province du Dauphiné.

Fils d'ouvrier, puis ouvrier à mon tour, riche d'enthousiasme. de bonnes dispositions, et de... trois pièces de cent sous !.. j'entrepris, à seize ans de faire à pied mon *tour de France*.

Travaillant d'étape en étape, j'arrivai à Lyon en septembre 1847. Témoin oculaire et surpris des évènements du 24 février 1848, mon ingénuité sur les choses de la politique était telle que, malgré mes dix-huit ans, je ne compris rien tout d'abord à ce que je voyais se passer autour de moi, et qu'il me semblait, pour la première fois, entendre prononcer les mots de *Citoyens* et de *République*.

Mais bientôt journaux et publications de toute sorte, à bon marché, inondant les ateliers, vinrent me dessiller les yeux.

Puis le théâtre où, du haut du *paradis*, je voyais défiler un à un les grands faits de la première Révolution, acheva de déchirer le voile qu'un obscurantisme calculé avait jeté, jusque là, sur la jeunesse pauvre de mon temps.

Alors, mais alors seulement, j'eus conscience des *Droits et des Devoirs de l'Homme*, et pus me couvaincre, avec quelque discernement, que ses rapports sociaux peuvent être basés sur le système égalitaire de *l'offre et la demande*, et non sur le système humiliant de la *domesticité*.

Partant, je compris qu'il ne saurait y avoir des *classes sociales*, mais des citoyens s'entr'aidant pour les besoins de la vie commune, chacun selon son état ou ses facultés, et que toute dérogation à ce principe primordial n'est que la conséquence de l'égoïsme de quelques-uns, et de l'ignorance du plus grand nombre.

Aussi, mon goût pour l'étude s'accrut à ce point que, même au travail, on n'aurait pu me rencontrer sans un livre ou un journal en poche.

Pendant l'hiver de 1849, voyageant à petites journées, par trente centimètres de neige, entre Lyon, Grenoble, Chambéry et Annecy, j'arrivai le 15 décembre à Genève, exténué et l'estomac sans connaissance, n'ayant banqueté en chemin que d'un peu de pain humecté d'un tronçon de glace !.... Mais j'avais vu *le géant des Alpes*, le Mont-Blanc, et, de haut, j'avais pu contempler l'espace !... Or, j'étais heureux tout de même.

Au printemps suivant, ayant fait mes adieux à la belle et hospitalière Helvétie, je fis voile vers Paris où je vins m'échouer le 15 juillet 1850.

Après quelques jours, en quête de besogne, je fis une échappée jusqu'à Boulogne-sur-Mer, où un poste venait de m'être assigné. J'y restai trois mois.

Connaissance faite avec la terrible *Amphitrite*, dont je n'aurais jamais soupçonné le courroux ni la majesté, je rebroussai chemin et revins à Paris où, sans m'en douter, comme tant d'autres, je pris racine pour vingt ans.

En 1851, je passai à la révision, mais le *gros-major* m'ayant trouvé trop *petit* pour être militaire, je fus exempté du service.

Je n'en ai jamais trop voulu à Dame-Nature de s'être montrée parcimonieuse à mon endroit, pas plus qu'aux exigences mal raisonnées des hommes d'avoir regardé à l'épaisseur d'un cheveu, pour ne point faire de moi peut-être un invulnérable Achille ..... car je ne me sentais aucune inclination pour le métier des armes, et ce que j'aurais le mieux aimé dans le service, c'eût été, sans contredit, une excursion au Jardin des plantes, et... les bonnes d'enfants !...

Pourtant, soit dit en passant, je fus plus tard, sans avoir grandi d'un pouce, Garde national de la Seine, pendant dix ans ! Mais il est bon d'ajouter que mes états de services portent plus de déjeuners fins au *Café de la Paix*, les jours de garde, que d'égratignures reçues aux *champs de Bellone*....

A vingt-deux ans, n'ayant pour patrimoine que l'envie d'arriver..... et flanqué d'une épouse de même condition, je me fis hardiment *entrepreneur de vêtements d'hommes*, pour le compte de maisons de gros, en opérant au jour le jour, faute de ressources pécuniaires.

A trente ans, déviant un peu de mon métier, je parvenais, *de fil en aiguille*, et après bien des tergiversations, à monter une modeste échoppe d'habits hors d'âge... dont quelques pans, ayant plus particulièrement résisté aux intempéries, témoignaient encore d'une grandeur déchue ; mais dont l'ensemble de vétusté s'amalgamait assez harmonieusement avec une foule de bibelots disparates, datant de la Genèse.

Petit à petit, brocanteur de tout et sur tout, mon humble échoppe devint un *capharnaum* d'importance, qui fit époque, et dont le Quartier-Latin est encore en émoi, par le souvenir seul d'annonces abracadabrantes qui, fixant l'attention des passants, faisaient jaser la presse et, rendant perplexe l'autorité débordée, tenaient la rue en éveil et rendaient problématique la circulation !

Ici, c'était le vieux *coupe-choux* de Dumanet, qui devenait *l'épée de Damoclès !....* Là-bas, sur une vieille serviette d'avocat, on lisait : *Avis aux Ministres sans portefeuille !...* Plus loin, le chignon d'une Paméla quelconque, scalpé sur les dalles de l'Ecole pratique par quelque Gallien en herbe, devenait la *Chevelure d'Absalon !....* Ailleurs, le vieux codex d'un disciple de la Basoche était à son tour transformé en *Pentateuque de Moïse!* etc. etc.

Pour n'en donner ici qu'un spécimen, je cite au hasard :

PASSANTS !

Si j'étais passant et que je rencontre sur mon passage un vêtement passable comme celui-ci, que l'on passerait au prix que l'on passe celui-là : je vous avoue que, quand même je pourrais m'en passer, je ne passerais pas sans au moins demander à le passer !.. Et s'il n'était pas à ma taille, je le regretterais, mais ne m'en passerais point pour cela. Oui, dussé-je me passer d'autres choses. en passant, je voudrais qu'il me passe par les mains.... Puis, une fois ma curiosité passée, je chercherais à le repasser à un autre, tout en y prélevant mon petit bénéfice.

Il me resterait du moins le souvenir d'avoir vu, en passant rue de l'Ecole de médecine N° 1, *des passants à m'empêcher de passer, qui regardaient en passant de magnifiques paletots d'occasion, qu'on passe à des prix comme on ne pourrait les voir passer ailleurs où l'on pourrait passer !*

Retenez bien ceci par cœur, et passez-vous-le les uns les autres : un paletot aussi frais que neuf que l'on passe à 30 francs !..

Qu'il se fasse auteur dramatique ! disait *le Siècle*.

Qu'il se fasse journaliste ! s'écriait *le Figaro* : d'autres *bric-à-brac* lui en ont donné l'exemple, et moi je lui en donne le conseil !

En effet, l'intérêt semblait être excité partout, car, pendant que le menu fretin s'ébahissait de mes bons mots, et que les Etudiants commentaient bruyamment mes saillies humoristiques, de graves recteurs se désopilaient devant mes formidables fautes d'orthographe !....

« Ce marchand d'habits, disait à trois mille lieues de distance, le *Journal d'Athènes*, est un homme d'imagination qui ferait son chemin dans la littérature, quoiqu'il ne sache pas plus l'orthographe que le duc de Richelieu ou M. de Chateaubriand. »

Tant d'échos ne pouvaient que présager le succès. Aussi, dix ans après, m'apprêtant à plier bagage, je libellai ainsi ma dernière réclame :

Liquidation après fortune faite !

« Encore une étoile qui file ! » exclama le *Petit Journal.*

Et moi, heureux, dès lors, de mes *cinq mille francs de rentes*, et brûlant de voir rouler d'aussi larges pièces de cent sous, dont je croyais bien ne jamais voir la fin, je me mis moi-même à rouler et rouler dans ce but, entre les quatre points cardinaux de l'Europe centrale, avec stations obligées aux différents salons de *distractions* de Baden-Baden, Hombourg, Wiesbaden, Saxon et Monaco. Foyers ardents où je devais forcément me brûler quelque peu les ailes !...

Mais bientôt, fatigué d'une vie aventureuse qui m'éloignait d'un but plus élevé vers lequel je me sentais des aspirations, et désireux de mettre un terme à un écart qui n'était après tout que le débordement momentané d'un cœur trop plein et... d'une bourse trop bondée ; mais qui, faisant danser la sarabande à mon pécule, lui faisait faire la boule de neige... à rebours !... je me résolus, en dépit de la *great attraction* qui s'attache à Monaco surtout, ce pachalik d'Occident, avec son temple byzantin, son Pactole, sa mer bleue, son soleil, sa flore, ses concerts et son sérail... sérail omnibus, s'entend, mais qui n'en donne pas moins le *delirium tremens*... je résolus, dis-je, de chercher un refuge sous des cieux moins incandescents...

Ayant jeté mon dévolu sur mon pays natal, je vins sur le terrain même où jadis, enfant, je faisais parfois l'école buissonnière, faire construire une villa à la parisienne, à l'instar de celles que, dans mon ambition précoce, j'avais le plus admirées et rêvées pour moi-même un jour, alors que jeune et ardent travailleur, j'allais le dimanche, en joyeuse compagnie, faire *le tour de Marne*, avec escale à Joinville-le-Pont, pour y sabler sous la tonnelle le *petit bleu à quatre sous,* et intermèdes chorégraphiques, aux accords enrhumés d'un orgue... de Barbarie !...

C'est là, dans cet Eden improvisé, que, depuis douze ans, je cultive avec un égal succès les Muses, la Flore et les cucurbitacées.... car si mes roses-thé et mes œillets-jonquille charment mes visiteurs, et si ma ménagère se pâme devant mes potirons... mes conceptions poétiques ne trouvent pas moindre faveur chez un monde d'élite qui m'en témoigne par de gracieux et multiples accusés de réception.

Tout cela, il faut le dire, se fait aux dépens de mes revenus amoindris !... Car c'est un singulier commerce que celui des lettres !

A moins d'être un Hugo, et les dieux sont rares ! c'est nous, les piocheurs, qui fournissons la marchandise, et c'est encore nous qui payons !... de sorte que, plus le débit est grand, plus ruinés nous sommes.

Aussi, croyez-en ce cri du cœur : il faut une rude dose de philosophie pour persévérer dans cette voie ; ce n'est plus amour de l'art, c'est sacerdoce !

Pégase, dit-on, est le cheval qui mène les poètes à l'hôpital !.. Je commence à partager cet avis.

> Fuyez ces lieux charmants qu'arrose le Permesse ;
> Ce n'est point sur ses bords qu'habite la Richesse !

Boileau n'aurait pas dit cela, que je m'en serais douté !

Bah ! le royaume des penseurs n'est pas de ce monde ! Tirer le diable par la queue . . . se draper dans une houppelande chauve et lustrée comme la *boule d'ivoire* d'un Académicien, ou les genoux d'une vieille danseuse !... se couvrir le chef d'un tromblon moyen-âge ; déjeuner d'un radis noir, entre deux rodomontades d'une irascible épouse... transporter sa pensée au-delà des horizons . . . . commettre un livre et le voir lire . . . . c'est là un comble de félicité dont la compréhension n'aura jamais accès dans la boîte cérébrale d'un prosaïque ventru ou le minuscule cervelet du plus pommadé des *lions !*

« L'or est une chimère » qui ne satisfait que des appétits matériels et passagers, alors que la simple perspective d'une auréole future nourrit délicieusement les pauvres enfants des Muses !

On peut, sans génie et sans art,
Vendant du suif ou du vieux lard,
Exploitant fort l'humble détresse,
Se voir un jour couvert de graisse !...

On peut, à force de souplesse,
Léchant les mains d'un vieux boyard,
Puissant et riche au milliard,
Se voir tout couvert d'or ... en tresse ...

On peut, en vrais fils d'Albion,
Sur le Nil — soit dit pour mémoire --
Dix contre un, se couvrir de gloire !

Mais on ne peut voir les poètes,
Brûlant d'une autre ambition,
Autrement que ... couverts de dettes !..

Je suis lauréat et membre, à plus d'un titre, de bon nombre de Sociétés littéraires, françaises et étrangères, et plus ou moins Grand Dignitaire d'Ordres académiques d'un peu partout, voire même d'outre-mer !... Oui, d'outre-mer surtout, en vertu de l'adage : *Nul n'est prophète en son pays !*

Jusqu'à présent, j'ai écrit matière à deux ou trois volumes dont il n'a paru encore que des fragments, mais dont j'espère, à force de me serrer les flancs, parvenir à publier le reste un jour prochain.

Tels sont, à ce jour, mes quartiers de noblesse, et tel est le bagage littéraire avec lequel j'ose m'aventurer sur le Rubicon... Mais patience ! quoique dépassant déjà mon onzième lustre, j'ai encore bon pied, bon œil et, de plus, la ferme volonté de me consacrer sans réserve à la culture des belles-lettres et à la pratique fervente des œuvres humanitaires.

Que Dieu me prête vie et, si je ne laisse d'autre héritage à mes fils, j'espère du moins leur laisser un nom honoré des *Grands*, ces favorisés que je respecte mais dont je combats la domination injuste, et chéri des *Petits*, ces déshérités que j'aime mais dont je déplore la servilité indigne.

Incidemment, je chante Bacchus, Vénus, la violette et le Printemps ; mais la Politique, plus propre à l'expansion de mes idées, est mon sujet de prédilection.

Mon drapeau est celui de la petite école encore incomprise des SUPERFICIELS. C'est une conception économique que Jules Favre appelait *une monstruosité*, que d'autres, sans plus de discernement, appellent encore aujourd'hui Erreur ou Mensonge, et que, moi, je nomme *clef de voûte !*

C'est un composé de la quintessence philanthropique de Robespierre et consorts, dont les statuts des *Droits de l'homme* font mon admiration, et des sublimes préceptes du Christ, dont l'Evangile est mon Code.

Christ, Robespierre, Marat et tant d'autres, sous déduction de l'infinie perfection de l'Homme-Dieu en regard de la faillibilité de l'homme simple proprement dit, sont également morts pour la rédemption du monde ! Or, à ce titre, leur mémoire m'est également chère.

Je salue partout, et de tous les temps, les martyrs de la Foi et de la Liberté !.. Et, gémissant sur le scepticisme et sur l'ingratitude de la génération actuelle, dans le champ de mon imagination, ma reconnaissance leur érige des statues !...

Sans profanation aucune, j'émets avec la même désinvolture un hymne à la Vierge ou un sonnet à Louise Michel, et j'assiste avec la même dévotion aux conférences de Georges Laguerre et aux prônes de mon curé.

Faisant la part de l'imperfection humaine, déplorant tout écart de langage ou excès de zèle, laissant à chacun sa responsabilité devant Dieu et le bon sens, j'exalte le vrai, le beau et le bon, partout où je crois les découvrir. C'est ce qui explique la surprenante diversité de ma collection autographique, car princes ou plébéiens m'honorent tour à tour, et suivant le vent, de bien chaleureuses marques de sympathie.

C'est, peut-être, ce qu'un esprit dénigrant, ne voyant là qu'artifice, pourrait appeler *ménager la chèvre et le chou* ; mais à cela, d'avance je réponds :

Fais ce que dois, advienne que pourra !

J'ai, en d'autres temps, et non sans succès, combattu pour *l'instruction gratuite obligatoire*, mais avec Dieu partout, parce que je le vois partout.

Toutefois, je n'en garde pas moins le plus profond respect pour *la liberté de conscience.*

A chacun selon ses œuvres ! Dieu reconnaîtra les siens...

Tâchons de ramener par la raison et la persuasion, mais ne rallumons pas le bûcher !

« Si Dieu n'existait pas, il faudrait l'inventer ! » a dit Voltaire. Or, mon humble avis est le même. Oui, ma conviction intime est que, sans la Foi, la désagrégation sociale est proche. Oui, je crois que le jour où nous n'aurons plus pour garants de l'union et de la paix, que la droiture du législateur, l'intégrité du juge, la conscience du marchand et la crainte du gendarme... ce jour-là, dis-je, ce sera la décadence !

Car alors, confiants dans notre habileté et dans la lourdeur de Pandore, bravant avec quelque certitude d'impunité les foudres de Thémis, et le salut ne nous semblant plus qu'une question de tact et de... jambes.... ce jour-là, je le répète, sera le commencement de la fin !... Alors, *væ victis !* Malheur aux simples et aux timorés !...

Bref, je veux écrire, écrire sans cesse, et si j'ai des aptitudes à tout mener à bien, je les dépose sur l'autel de la *République universelle, une et indivisible !*

Pour moi, il n'est que deux patries : la *terre* et le *ciel !*

Puissé-je consacrer au triomphe de cette cause, mon dernier jour avec mon dernier sequin, et, comme Pétrarque de bien poétique mémoire, être trouvé mort, le nez dans un livre !

Tel est le sentiment qui anime, et tel est le degré de l'échelle sociale qu'occupe actuellement l'humble et ignorantissime ouvrier tailleur d'il y a trente ans.

Sans prétendre édifier mes lecteurs, et ne relatant ces faits que pour les besoins de la cause, c'est le résultat d'une lecture assidue, de constants efforts pour s'instruire, d'une allure modérée dans les divertissements mondains... d'un travail soutenu, d'une épargne relative, d'une grande tenacité à tenir toujours en vue, au frontispice de mes résolutions, ce précepte latin : *Labor improbus omnia vincit !..* puis aussi, il faut ajouter, d'un scrupule commercial à toute épreuve ; scrupule qui, faisant naître la confiance, assure le succès, procure la sérénité de l'âme chez le marchand, et déconcerte le sophisticateur, qu'il laisse se morfondre dans son isolement... et ses mécomptes !

Joignons à cette énumération, déjà longue, ce don naturel que la Pathologie appelle *aptitude congéniale*, qui fait que la pensée et les mots pour l'exprimer arrivent très aisément, au point de n'avoir plus que l'embarras du choix !

Voilà l'ensemble, — je ne dirai pas de *qualités*, par pure modestie ! — mais l'ensemble de circonstances heureuses ayant amené cette non moins heureuse solution.

Selon Boileau, on naît poète, comme on naît maçon. Pourtant, il est bon de tenir compte du : *Aide-toi : le Ciel t'aidera.*

Enfin, pour conclure d'un trait : *Je suis l'architecte de mes œuvres !*

Je demande pardon à Dieu et aux hommes de tout le bien que je dis de moi ; mais une biographie est une confession. Or, une confession doit être sincère, ou n'être pas.

C'est pour répondre à des sollicitations pressantes et réitérées, et pour donner un avant-goût de mes Mémoires, que je bâcle aujourd'hui ce petit *Memorandum*.

En outre, j'ai pensé, non sans raison..., que si je ne me hâtais de dire un peu de bien de moi, personne peut-être n'aurait cette témérité !

Toutefois, que mes indulgents lecteurs veuillent bien constater que je ne dissimule en rien mon humble origine. D'ailleurs, pourquoi le ferais-je ?

Se prévaloir d'une fausse lignée, ou simplement la laisser supposer, est l'attribut des sots.

En outre de l'origine bien connue de Sixte-Quint et de celle de deux Présidents des Etats-Unis, de nos temps, un épicier vaut bien un Ministre ! et vice-versa. Et même, en fait d'épicier, hier encore, l'illustre rejeton d'un de ces marchands de Denrées coloniales était président du plus... Grrrand des Ministères ! ! !

Enfin, quoi qu'il advienne, si je ne laisse, en partance pour l'éternité... que le lambeau de lin qui doit me servir d'enveloppe, que l'on ne jette pas trop la pierre à ma mémoire : c'est que je l'aurai bien voulu ! Car si, même encore aujourd'hui, j'essayais d'utiliser mes petits moyens à un vulgaire mais lucratif négoce, ou à un coupable mercantilisme littéraire ; si, au lieu de dépenser gratuitement mes petites facultés au service de la morale et de l'infortune, je voulais courtiser ceux qui possèdent, enfourcher leur dada, flatter leurs petites passions... et, le diable aidant, saupoudrer le tout d'un soupçon de Zolaïsme ; autrement dit, si au lieu de me poser en redresseur de torts, et de me constituer bénévolement le souffre-douleur des affligés, je me mettais un peu du côté du manche... faisant toujours face au râtelier... je pourrais, moi aussi, me repaître quotidiennement à pleines ventrées, et laisser à des héritiers reconnaissants... de quoi me faire de pompeuses funérailles !

Mais, avec Boileau, je m'écrie :

Je ne puis en esclave, à la suite des grands,
A des dieux sans vertu prodiguer mon encens.

Le Fils de l'Homme, en qui je crois et j'espère, ce Dieu tout puissant qui, pour donner au monde l'exemple de l'humilité, voulut avoir pour berceau l'étable de Bethléem, n'a que faire de ce vain luxe des morts, et, à n'en pas douter, réserve au séjour éternel ses meilleures places à ses meilleurs imitateurs, et de ceux-là seuls, il dit : *Dignus est intrare.*

. . . .

MES RUBIS

—

Pour un faux rayon de bonheur,
Parfois au prix de leur honneur,
On voit souvent femmes jolies
Faire assaut d'aimables folies.

Pour un faux semblant de grandeur,
On voit certains hommes sans cœur,
Frisant toutes les infamies,
Jouer de tristes comédies....

L'une a sa rivière en brillants !
L'autre, sa plaque en diamants !
Pour prix d'une folle équipée...

Moi, des rubis, sur le chemin,
J'en vois, au soleil du matin,
Dans chaque perle de rosée !...

Dixi : JULES BLANCARD.

Saint-Paul-Trois-Châteaux, (Drôme) Novembre 1885.

MON BAGAGE LITTÉRAIRE

A CE JOUR

NOMENCLATURE

1. *La Trochuliade*, Poème humoristique (300 vers) sur les événements de 1870-71. Publié dans *La Justice*. — Bordeaux, 1873.
2. *Le Rêve d'une nuit d'hiver*, Poème (180 vers) sur la réception des troupes françaises en Suisse, 1870-71. Publié dans *La Revanche*. — Bordeaux, 1873.
3. *Boutade*, Prose (8 pages). Publié dans *L'avenir*. — Bordeaux, 1874.
4. *Lettre d'outre-tombe*, Poème (400 vers), publié dans *L'avenir*. Bordeaux, 1874.
5. *Le Devoir*, Poème (150 vers), publié dans *Le Devoir*. — Bordeaux, 1874.
6. *Le parfait bonheur*, Poème (50 vers), publié dans *La jeune France*. — Bordeaux, 1875.
7. *Mes dernières amours*, Poème (72 vers), publié dans *La France poétique*. — Bordeaux, 1876.

8. *Mélange littéraire*, Vingt poèmes divers, (600 vers environ) publiés dans *La Virilité*, — Agen, 1881.

. *Trente sonnets divers et d'actualité*, publiés tour à tour, par l'auteur lui-même, et répandus à profusion dans toutes les parties du monde.

10. *Une des merveilles du Diable*, ou l'histoire du Père Monaco. Brochure de 100 pages, sur les agissements des Maisons de Jeu. — Publié par l'auteur, en 1874.

11. *Les lauréats voyageurs*, Lettre à M. le Ministre de l'Instruction publique. — Brochure de 16 pages, publiée par l'auteur, en 1882.

12. *Lettres aux anarchistes*, brochure de 20 pages, publiée par l'auteur, en 1884.

13. *Quatre poèmes divers*, en langue romane (400 vers environ), publiés dans *La Muse de la Patrie*. — Bordeaux, 1877.

Etc. etc.. etc...

MES

TITRES HONORIFIQUES

NOMENCLATURE

1. Membre de la Société des Poètes de Bordeaux.
1873.

2. » de l'Académie des *Muses santones.*
Royan, 1876.

3. » » des *Muses périgourdines*
Périgueux, 1876.

4. » correspond[t] de l'Académie *la Province.*
Lyon, 1880.

5. » » » *Christophe-Colomb.*
Marseille, 1881.

6. » » » *Voltaire.*
Rio-Janeiro (Brésil), 1881.

7. Membre et lauréat de l'académie *San-Marino.*
République de San-Marino, 1882.

8. Officier, correspondant et lauréat de l'Académie royale *Stesicorea.*
Catane (Italie), 1881.

9. Membre de l'académie poétique *Mont-Réal*.
Toulouse, 1882.

10. » du Cercle académique *Lagonegro*.
Italie, 1875.

11. » corresp. de l'*Institut encyclopédique*,
Larino (Italie), 1881.

12. Protecteur de la Société universelle des *Benemeriti*.
Italie, 1880.

13. Membre du cercle littéraire *Giambattista Vico*
Ecole Dantesque. Naples, 1880.

14. » de la Société pour l'étude des *Langues romanes*.
Montpellier, 1874.

15. Membre de la *Ligue française d'enseignement*
Paris, 1880.

16. Président honoraire de la société pour la *Propagande des Sciences populaires*.
Italie, 1880.

17. Membre de la *Société protectrice de l'enfance*.
Paris, 1880.

18. Président honoraire de la Société littéraire de *San Bartolomeo in Galdo*.
Italie, 1880.

19. Président honoraire de la Société royale *Sodalizio Margherita*.
Italie, 1880.

20. Commandeur de l'Ordre académique des *Chevaliers de Buenos-Ayres*.
République Argentine, 1880.

21. Correspondant du journal *Le Rossignol*.
Aignan, (Gers) 1881.

22. » » *L'Annunziatore*.
Naples, 1880.

23. Vice-président honoraire et Délégué des *Hospitaliers d'Afrique.* Alger, 1880.

24. Officier correspondant de la société nationale *la Croix rouge de Belgique.*
Bruxelles, 1880.

25. *Chevalier-Sauveteur des Alpes-Maritimes.*
Nice, 1880.

26. Membre fondateur du journal *le Sauveteur.*
Paris, 1880.

27. » des *Hospitaliers de Normandie,*
1882.

28. Vice-président honoraire des *Sauveteurs de la Nièvre.* 1882.

29. Chevalier de l'*Ordre de Mélusine.*
(Son Altesse Royale Marie de Lusignan, princesse de Jérusalem, de Chypre et d'Arménie, Grande-Maîtresse) Paris, 1883.

30. Membre de l'Ordre des *Royaux-Chevaliers-Hospitaliers d'Espagne.*
Madrid, 1883.

31. Officier de l'ordre universel *Le Samaritain*
1883.

32. Chevalier de la *Croix-Blanche.*
Italie, 1880.

33. Grand-officier de *l'Aigle d'or.*
Italie, 1880.

34. Officier de l'*Aréopage des Décorés de toutes les nations.*
Italie, 1880.

35. Haut Protecteur, Président honoraire, Représentant et Conseiller de la *Croix d'or.*
Italie, 1880.

36. Lauréat de la *Société poétique méridionale.*
France. 1881.

37. Grand-prix *Baron Aimé d'Agnières.*
Premier prix, première classe. Paris, 1880.

38. Grand prix *Victor-Emmanuel.*
Italie, 1880.

39. Grand Prix *Garibaldi.*
Italie, 1880.

40. Grand prix de vertu du *Rajah Sourindro-Mahun-Tagore.*
Indes, 1881.

41. Président honoraire de l'*Ateneo Alessandro Manzoni.* Italie, 1884.

42. Vice-président honoraire des *Sauveteurs de l'Hérault.* 1883.

43. Vice-président honoraire du Comité des *Humanitaires Français.*
Paris, 1884.

44. Officier des *Sauveteurs médaillés de la Dordogne.* 1884.

45. Membre de la Société des *Sauveteurs nantais.*
1883.

46. Lauréat des *Hospitaliers bretons* :
(Médaille de vermeil de la Ville de Paris. 1884)

47. Officier de l'Académie *La stella d'Italia.*
1884.

48. Membre de la *Société biographique de France*
1884.

49. Président honre de l'institut *di Maddaloni.*
Italie, 1884.

50. Président hon^{e} de *l'Unione dei Benemeriti.*
Italie, 1884.

51. Membre fondateur de l'Institut *Vincenzo.*
Italie, 1884.

52. Socio benemerito dei *Canottieri Salvatori dell'Arno.* Italie, 1884.

53. Grand-officier de l'Institut *Humbert 1er*
Italie, 1884.

54. Lauréat de la Croix bretonne des *Ambulances militaires.* Paris, 1870-71.

55. Membre de l'*Ecole Dantesque napolitaine.*
Italie, 1883.

56. Membre correspondant de l'Académie des lettres, sciences et arts : *L'Unione.*
Rome, 1885.

57. Membre correspondant de la Société des *Archivistes historiques de la Noblesse.*
Milan, 1885.

58. Membre des *Sauveteurs de la Seine.*

59. Membre honoraire de la Société des *Etudiants de Nancy.* 1885.

60. Membre du *Félibrige.*

61. Membre honoraire du *Sou des Ecoles.*
Saint-Paul-Trois-Châteaux, 1885.

62. Membre de l'*Académie de l'Ouest.*

63. Professeur honoraire de l'*Ecole poétique de Naples.*

64. Membre de l'*Académie champenoise.*

65. Membre hon[e] des *Sauveteurs de Marseille.*

66. Lauréat et membre de l'*Académie littéraire et musicale de France.*

Paris.

67. Membre honoraire du *Circolo cittadino di Sala Consilina.*

Italie, 30 décembre 1886.

FÉLICITATIONS

NOMENCLATURE DES LETTRES REÇUES

SUISSE

Le Gouvernement de la Confédération Suisse. (Officiel)

» du Canton de Turgovie »

» » d'Argovie »

» » de Lucerne »

Antoine Carteret, Président du Conseil d'Etat du Canton de Genève.

Carl Ziro, Président du Conseil national, à Berne.

Le colonel *Hold*, du Conseil national suisse.

Dietler, du Conseil national suisse, directeur du percement du Saint-Gothard.

Le général *Ochsenbein*.

Cambessede, du Conseil d'Etat, à Genève.

Oberst O von Büren, Maire de Berne.

Joseph Riondel, Maire de Versoix.

La Société d'Histoire de la Suisse romande.

Le Président de la Fédération internationale pour l'observation du Dimanche, à Genève.

Le major *Malet*, ancien député, à Genève.

F. Forel, président du Comité d'histoire de la Suisse romande, à Lausanne.

Le professeur *de Murald*, du lycée de Lausanne.

Le journal *Lumière et Liberté*, de Genève.

» *Le Révolté*, organe anarchiste, Genève

La ligue internationale de *la Paix et de la Liberté*. Genève.

Otto de Büren, colonel fédéral, député au Conseil général.

Deluz, Secrétaire de la Fédération internationale, Genève.

Morel Fatio, président d'un Comité d'Histoire. Suisse romande.

La Chancellerie du Notariat de la Haute-Engadine (Samaden, *F. Cadoras*, notaire)

Hammer, Conseiller fédéral, Vice-président de la Confédération suisse.

LETTRES DE FÉLICITATIONS

FRANCE

Thiers, Président de la République française.
Jules Ferry, Président du Conseil des Ministres.
Eugène Rouher, » »
Duc de Broglie, » »
Emile Ollivier, » »
Jules Favre, » »
Jules Simon, » »
Léon Gambetta, » »
Le Président de la Chambre des Députés.
Le contre-amiral *Galiber*, Ministre de la Marine.
Le vice-amiral *Peyron*, » »
Edouard Barbey, sénateur, » »
Général *de Cissey*, Ministre de la Guerre.
Général *Farre*, » »
Général *Thibaudin* » »
Général *Campenon* » »
Martin-Feuillée, Ministre de la Justice.
Fallières, Ministre de l'Instruction publique.
E. de Marcère, Ministre de l'Intérieur.
Constans, » »
Lepère, » »
Ferd. Sarrien, » »
Waldeck-Rousseau, »

Joseph Magnin, Ministre des Finances. Depuis, Gouverneur de la Banque de France.

Tirard, Ministre des Finances, dep. prés. du Conseil

Cochery, Ministre des Postes et Télégraphes.

H. Varroy, » des Travaux publics.

D. Raynal, » »

Sadi Carnot » » et depuis, Président de la République.

Emile Loubet, Ministre des Travaux publics, Maire de Montélimar, président du Conseil général et Député de la Drôme.

De Hérédia, député, Ministre du Commerce.

Ed. Lockroy, » »

Rouvier, » » depuis, président du Conseil.

Jules Méline, Ministre de l'Agriculture.

De Fourtou, Sénateur, ancien Ministre.

Giraud, de l'Institut, »

Batbie, Sénateur, »

Christophle, ancien Ministre, directeur du Crédit foncier.

Ch. Floquet, Président de la Chambre des Députés

Philipoteaux, Vice-présid. » »

Ch. Boysset, » » »

Anatole de la Forge, » »

Madier-Montjau, questeur » »

Bizarelli, Secrétaire de la » »

Pierre Blanc, président d'âge de la Chambre.

Edouard Charton, Sénateur, Membre de l'Institut.

Victor Hugo, » »

Barthélémy Saint-Hilaire »

Foucher de Careil (le comte), sénateur, ambassadeur à Vienne.

Henry Fournier, sénateur, ambassadeur à Constantinople.

Th. Roustan, Ministre de France à Washington.

de Sainte-Foix (le comte), consul de France à Amsterdam.

Ch. Roth Le Gentil, Vice-consul d'Espagne, à Cambrai.

Gustave Macé, chef de la police de sûreté, à Paris.

Caubet, chef de la police municipale, »

Eugène Poubelle, Préfet de la Seine.

Emile Dornois, » Drôme.

Ed. Bertereau, » Saône-et-Loire.

Vergniaud, secrétaire-général de la Préfecture de la Seine.

Arnauld de Praneuf, (le baron Adrien) Vice-président du Conseil de préfecture du Nord.

Fenaillon, chef du secrétariat des Travaux publics, à Saïgon.

Léopold Gallet, Commissaire de police spécial des chemins de fer.

Boucher-Cadart, Président de la Cour d'appel de Paris, ancien sénateur.

James, Sous-préfet de Montélimar.

Léon Renault, Sénateur, ancien Préfet de police.

Andrieux, Député, » »

Louis Blanc, » ancien membre du Gouvernement provisoire de 1848.

Jules Malens, sénateur, premier président de la Cour d'appel de Grenoble.

SÉNATEURS

Léonce de Sal
Adrien Hébrard
André Lavertujon
Massé
J. B. Krantz
Laurent Pichat
Alfred Naquet
de Gavardie (baron)
Dr Paul Broca
Carnot père
Clamageran
Barne
Mareau
Jules Guichard
Cyprien Chaix
Dr Dufay
Paul de Rémusat
François Carquet
Henry Corne
de Lareinty (baron)
R. Bérenger
Numa Baragnon
Béraldi
Chesnelong

Songeon, présid. du Conseil municipal de Paris.
Jean Macé, » de la Ligue française d'enseignt
Hérold, ancien Préfet de la Seine.
de l'Angle-Baumanoir (le marquis)
Lafond de Saint-Mur, (le baron)
Marius Soustre, Maire de Digne.

DÉPUTÉS

Thrystram, président de la Chambre de commerce de Dunkerque.
Borriglione, Maire de Nice.
Rameau, Maire de Versailles, en 1870-1871.
Peraldi, Maire d'Ajaccio.
Barodet, ancien Maire de Lyon.
Chavanne, anc. prés. du Conseil municipal de Lyon.
Jules Blancsubé, Maire de Saïgon, président du Conseil colonial de Cochinchine.
Yves Guyot, du Conseil municipal de Paris.

Frédéric Passy, membre de l'Institut.

Henri Giraud, président de la Société nationale d'Encouragement au Bien.

Laroche-Joubert, président du Tribunal de commerce d'Angoulême.

Henry Michelin
Jolibois
Gustave Franconis
Agamemnon Imbert
Ferdinand Dreyfus
Duc de Padoue
Benjamin Raspail
Thomson
Daniel Wilson
Eugène Delattre
Bisseuil
Albert de Mun (comte)
Daumas
Joachin Murat (comte)
Dr Bamberger
Raoul Duval
Dupuis
Bernard
Georges Brialou
Carret
Albert Ferry
Jules Gaillard
Renault-Morlière
Henry Rochefort
Silhol
A. Duguyot

Félix Mathé
Victor Leydet
Talandier
Cunéo d'Ornano
Eugène Blandin
E. Monier
Dr Chevandier
Albert Boucan
Frédéric Desmons
Emile Corneau
Camille Richard
Datas
Georges Laguerre
Jules Philippe
Daniel Mayet
Dr Cornil
Adrien Achard
Emile Brousse
Clémenceau
Greppo
W. Gagneur
Gaston Laporte
de la Porte
Gerville-Réache
Jules Steeg
Cormeaux

MAGISTRATURE

A. Moisson, premier président de la Cour de Riom.
Robinet de Cléry, procureur g[al] » de Lyon.
Alf. Gevrey, president du Tribunal de Montélimar.
Lubin, » » »
G. Rossignol, juge d'instruction à Valence.
Le poète *Lacoste (du Bouig)*, juge à Brive.
Brochier, juge de paix à St-Paul-Trois-Châteaux.
Chavasse, » à Saint-Marcellin.
Reynier, » à Pierrelatte.
Auguste de Pastorel de Cabrières, juge de paix.
Baron *de Serre de Monteil*, suppléant, à St-Paul.
Savournin, suppléant à l'Isle (Vaucluse).
A. Woirhaye, avocat à la Cour d'appel de Paris.
Léon Carnet, » » Nancy.
Jean Bernard, avocat à Paris.
Bouvier, avocat à Lyon.
Ferdinand Monteillet, avoué à Montélimar.
Léon Pradelle, » » ancien juge de paix.

ARMÉE

Le Maréchal *Canrobert*, sénateur.

Le Vice-amiral *Courbet*, commandant en chef de l'escadre de l'Extrême-Orient. (Kelung, juin 1885)

Le général *Chanzy*, sénateur, ambassadeur à Saint-Pétersbourg.

Le général *Faidherbe*, sénateur, Grand chancelier de la Légion d'honneur.

Le général *Clinchant*, Gouverneur de Paris.

» *de Martimprez*, » des Invalides.

» *duc d'Amale*, de l'Académie française.

» *Bourbaki*.

» *Lebrun*.

» *de Nansouty*, directeur de l'Observatoire du Pic du Midi.

Le général *de Loverdo*, à Toulouse.

» *Ansous*, à Paris

» *Warnet*, commandant du 13ᵉ corps.

» *Boulanger*.

» *Haillot*, chef d'Etat-major du Ministre de la Guerre.

» *de Larclause*, » »

» *Riu*, à Sousse (Tunisie), ex-commandant du Palais Bourbon, membre de *la Cigale*.

Le contre-amiral *Sellier*, chef d'Etat-major du Ministre de la Marine.

Le général *Nazare-Agar*, Ministre du Schah de Perse, à Paris.

Le lieutenant-colonel *Taillant*, défenseur de Phals-[bourg.

» *Doé de Maindreville*, chef d'Etat-major de la 12e division d'Infant., à Reims.

Colonel *Trumelet*, littérateur, à Valence.

Commandant *O' Zon de Verrie*, à Paris.

L. Lombard, adjudant-major au 61e de ligne.

Emile Driant, capitaine de Zouaves, officier d'ordonnance du général Boulanger.

Le capitaine *P. Safflot*, trésorier de la Société des Officiers en retraite, à Paris.

Monteillet, capitaine en retraite.

Tranchier, » »

Baron *Mori*, lieutenant d'artillerie de l'armée du Japon.

A. Nouvel, lieutenant-trésorier au 52e de ligne.

Alfred Gidel, lieutenant d'artillerie.

Jules Chabas, officier d'administration.

CLERGÉ

Monseigr *Lavigerie*, cardinal-archevêque d'Alger.

» *Langénieux* » de Reims.

» l'Archevêque de Bordeaux.

» *de Cabrières*, évêque de Montpellier.

» *Bellot des Minières*, év. de Poitiers.

» *Cotton*, évêque de Valence.

» *Bousquet*, évêque *in partibus*, à Nice.

Le R. P. *Louis Durand*, de la Compagnie de Jésus, Maire de Theuley, Haute-Saône.

Hyacinthe Loyson (ex-Père Hyacinthe), prêtre réformateur.

Rocca, prêtre réformateur, auteur du livre : *Le Christ, le Pape et la Démocratie.*

Jules Goût, prêtre de l'Eglise gallicane, à Paris.

Frère *Anacletus*, directeur des Frères Maristes de Saint-Paul-Trois-Châteaux.

Le chanoine *Lieutaud*, à Valence.

» *Roux*, curé de St-Bernard, à Romans.

Le poète *Sauvert*, curé de Savigny-sur-Crosne, (Saône-et-Loire)

Chapre, curé de Poët-Sigallat, Drôme.

Garnier, curé de Roussas »

Perrot, curé de Pierrelatte »

Benjamin Carré, vicaire à Tain »

Caillet, curé de Saint-Paul-Trois-Châteaux.

Joseph Gras, vicaire »

Girouin, » »

Franquetti, » à Bourg-la-Reine, Seine.

Cotta, curé de la Turbie, Alpes-Maritimes.

Gléno, curé de Coaraze »

Boëtti, aumônier des prisons de Nice.

MUNICIPALITÉS

Charles Risler, Maire du VIIe Arrondissement de Paris, Membre du comité-directeur de l'association *l'Alsace-Lorraine*.

Emile Ferry, Maire du IXe Arrond. de Paris.

Henri Dutasta, Maire de Toulon.

Louis Chabanel, » de Tarascon, conseiller gal

Ale Laissac, Maire de Montpellier. »

Enfert, Maire de Dijon, »

Adrien Varène, Maire de Bollène, »

Désiré Carpentras, Maire de Suze-la-Rousse, conseiller d'arrondissement.

Dr *Edmond Plantin*, »

Dr *Duparcq*, » Annecy.

Charaire, Maire de Sceaux (Seine), of. d'Acadmie

Monnier, Adjoint à » »

Joseph Pourchier, Maire de Miramas.

Montet, Adjoint, à »

Gabriel Geoffroy, avocat, ancien procureur de la République, Adjoint au Maire de Macon.

Prevost-Rousseau, Maire de Champigny, Seine.

Le marquis *de la Baume du Puy Montbrun*, Maire de la Garde-Adhémar, (Drôme)

Ferrand, » Baume-de-Transit »

V. Faibie » Tulette »

Paumier, » Saint-Restitut »

Pradelle aîné, Maire de St-Paul-Trois-Châteaux.

Octave Valette, Adjoint, »

Baron *Chansiergue du Bord*, » Maire, chevalier de la légion d'honneur.

Javelas, notaire, ancien président de la commission municipale de St-Paul-3-Ch.

François Durand, conseiller municipal »

Edouard Granier » »

Pelisse, » »

Alène, aîné » »

Ginozier » »

Louis Cheysson » »

Ferdinand Charaud » »

Boissonnier » »

Baron *de Serre de Monteil*, » »

Laurent Nouguier, » Lapalud.

Engelhard, Président du Conseil municip. de Paris.
Hovelacque » »
Aclocque, membre »
J. B. Dumay »
J. Cusset »
Docteur Levraud »
membre du conseil d'Hygiène de la Seine.

Collin, chef des ateliers de tapisseries des Gobelins, conseiller municipal de Paris.
J. Piperaud »
J. Daumas »
Arsène Lopin »
J. Th. Curé »
Auguste Desmoulins »
Alphonse Darlot »

Gustave Mayer, syndic du Conseil municipal de Paris, membre de la commission de l'Exposition.

LETTRES DE FÉLICITATIONS

FRANCE LITTÉRAIRE ET PHILANTHROPIQUE

SULLY-PRUDHOMME, de l'Académie française.

Emile AUGIER »

CUVILLIER-FLEURY »

Eugène LABICHE »

Ferdinand de LESSEPS »

Jules CLARETIE, administrateur général de la *Comédie française*, académicien.

Camille FLAMMARION, homme de lettres.

André THEURIET, de la Société des gens de lettres

Emmanuel GONZALÈS, président »

Louis VEUILLOT, du journal *l'Univers*, à Paris.

Paul FÉVAL, l'illustre romancier.

Paul ARÈNE, président des Félibres de Paris.

Emile RICHEBOURG, romancier populaire.

Richard LESCLIDE, secrétaire de Victor Hugo.

Eugène d'AURIAC, conservat. de la Biblioth. nat[le]

Eugène NUS, romancier à Paris.

Lucien DUC, directeur de l'Académie des lettres, sciences et beaux-arts de la Province.

Ernest de CALONNE, poète et auteur dramatique.

Emmanuel des ESSARTS, de la Faculté des lettres de Clermont.

Charles REVILLONT » de Montpellier.

CASTETS, doyen » »

Camille CHABANEAU » »

A. BOUCHERIE » »

Edouard MARSAL, peintre et littérateur »

Gabriel MARC, du comité des Gens de lettres.

Emile GUIARD, lauréat de l'Académie française.

Baron de TOURTOULON, président de la Société pour l'étude des langues romanes.

Alphonse ROQUE-FERRIER, secrétaire-général de la même Société.

Frédéric BATAILLE, de la société des Gens de lettres.

Francis MARATUECH »

Turpin de SANSAY, publiciste à Paris.

Eugène ENFONCE »

L. CHALIN »

Edouard Gabriel REY, professeur de belles-lettres.

LANG, directeur de la Société d'Enseignement professionnel du Rhône.

Emmanuel VAUCHER secrétaire-général de la Ligue française d'enseignement.

Georges BARRAL, directeur du laboratoire de biochimie, rédacteur en chef du journal *le Travail*, Paris.

Evariste CARRANCE, président fondateur des concours poétiques du Midi de la France.

Victor BILLAUD, président fondateur de l'académie des Muses santones.

Baron Marc André PAPI, calligraphe, président de l'académie *Christophe-Colomb.*

Albert MAILHE, président de l'académie Mont-Réal.

CANTAGREL, président de la Société pour l'étude des langues romanes.

Louis LAMBERT, trésorier de la même Société.

Etienne GLEIZES, président de la même Société.

Frédéric DONNADIEU, président de la Société archéologique de Béziers.

Albert HUE, directeur de l'Académie normande.

Emile ASSE, secrétaire de la société *la Pomme.*

Louis BLANCARD, archiviste des Bouches-d-Rhône.

Eloi SÉRAUD » de la Savoie.

Adrien POZZI, bibliothécaire de la ville d'Agen.

Eugène CORDIER » de Laigle.

Docteur Adrien SICARD, secrétaire perpétuel de la Société de statistique de Marseille.

SCATELLI, secrétaire de l'académie de Montauban.

Le chevalier H. A. LACROIX, historiographe.

Alphonse KARR, l'éminent écrivain.

Vicomte de LUSSAC, homme de lettres.

BALLEREAU aîné »

BARRÈS, bibliothécaire de la ville de Carpentras.

BOUÉ (de Villiers) directeur de l'*Union républicaine de l'Eure.*

COSTE, directeur du journal *Le bon Diable.*

JABERT » *La vraie République.*

LISSAGARAY, directeur de *La bataille*, à Paris.

Louis GAL, administrateur du journal *La liberté.*

Robert de la VILLE-HERVÉ, directeur de l'*Union française des arts.*

Ali Vial de SABLIGNY, directeur de la *Revue de la Jeunesse.*

Alfred SAUREL, rédacteur en chef de *la Provence.*

HENRIQUE, réd. en chef de *L'avenir des colonies.*

GAUTIER, directeur de *L'ouvrier*, à Paris.

Eugène GODIN » du *Gulliver* »

Louis Docteur, rédacteur en chef de l'*Indicateur général des Alpes-Maritimes et des colonies.*

Eugène CHATELAIN, réd. en chef du *Coup de feu.*

LA FARE, administrateur de *la France littéraire.*

René CAILLIÉ, l'éminent publiciste spirite, directeur de *L'anti-matérialiste*, à Avignon.

Auguste LINERT, rédacteur de *L'essor*, à Reims.

Eugène MONTEIL, rédacteur du *Furet nîmois.*

Charles FUSTER, directeur de la *Revue littéraire et artistique* de Bordeaux.

Martial TENEO, réd. en chef du *Progrès de Biarritz*

Georges d'OLNE, de la *Petite gazette poétique.*

Lucien GEOFROY, administrateur du journal *Le républicain de Seine-et-Oise.*

Auguste CHAUVIGNÉ, directeur de la *Revue littéraire de Touraine.*

TREBUTIEN, administrateur de *La Justice* à Paris.

VARINARD, le graphologiste d'après l'abbé Michon.

Edouard SANSOT, secrétaire-général de la Société poétique méridionale.

BONNEFOY-SIBOUR, officier d'académie, Secrétaire-général des Alpes-Maritimes.

Amédée RIVIÈRE, publiciste.

Georges BUISSON »

Charles LHOTTE » à Paris.

Edmond MARTIN » »

A. GRESLEZ, publiciste spirite à Sétif, Algérie.

Jean ROUFFIAC, littérateur à Paris.

Louis MOUZIN » »

HACHETTE, éditeur »

MONTMAYEUR » »

SAGNIER » »

Baron Henry de STEUBEN, secrétaire particulier du Gouverneur de la Guyane française.

Gabriel PREVOST, rédacteur en chef du journal *Le Facteur des Postes*,

Adolphe CHEVASSUS, rédacteur en chef du *Journal de Valence.*

VENTENAT, directeur de *La ballade*, à Bordeaux.

Pierre PETIT, photographe, membre du *Caveau.*

Donat DOISY, littérateur. auteur du chant sacré : *Les dernières pensées du Christ.*

DE SOULANGES, correspondant du *Caulois.*

Barthélmy CHAIZE, poète, auteur d'une Vie de Jésus.

Auguste CAPDEVILLE, littérateur à Béziers.
Jehan MADELAINE » à Bordeaux.
Charles EXPILLY » à Valence.

JABERT frères, littérateurs à Valréas, Vaucluse.

Marcel GUAY, homme de lettres à Paris.
Charles DIGUET » »
Hippolyte BUFFENOIR » »
E. GUIGNET » »

Henri DELPECH, de l'académie de Montpellier.

ALBERT » de Marseille.

Benjamin MOSSÉ » »

Louis MERCIER » de Besançon.

Camille de VIEUX-VAL, secrétaire de S. A. R. la princesse de Lusignan.

Eliacin MONTELIS, littérateur, membre de la Ligue d'enseignement.

Edouard LOWENTHAL, journaliste (Seine)

Edouard GRANCE »

Dieudonné BRAS, président de l'Académie musicale et poétique, à Montpellier.

Denis NAVELLE, poète à Montélimar.
Fortuné ARTAUD » à Marseille.

André Plat-Charlet, peintre et poète à Avignon.
Albert Daumet, poète.
Louis Lecacheur » (Manche)
Davagnier » à Paris.
Paul Berton, homme de lettres, à Paris.
Camille Thorin »
Le poète J. Béor »
» Monmoreau, ouvrier serrurier (Gironde)
» Jules Prior, ouvrier tonnelier.
» C. Deville, ouvrier bijoutier à Paris.
Comte de Fleury, poète, à Paris.
Dufaure de la Prade, littérateur à Paris.
Michel Bérard » »
Eugène Chevallier » »
Marquis St-Yves d'Alveydre »
Vicomte Camille Van Verren »
Charpentier, littérateur (Basses-Alpes)

Albert Verger, de l'Académie des Sciences de Marseille.

Garrulus, directeur de *la Gerbe et la rosée.*

Raoul Ferrand, présid. des Abeillistes méridionaux.

Fortin, sténographe à la Chambre des députés.

de Lalaurency, au Secrétariat de la Présidence du Sénat.

H. Bonjour, de la Société sténographique de Paris.

Brissonnet, président de la Société d'aérostation française.

Lestrat, notaire à Montélimar.
Rouvière » à Tulette.

Prosper Auriol, secrétaire-général de la Société scientifique des Pyrénées,

Jules Perrier, directeur du journal *Le salut.*

Barlerin, réd. en chef du *Bon citoyen,* de Tarare.

A. Barrau » du *Prisme.*

Cheynet, directeur du *Progrès de Montélimar.*

Dupré, secrétaire de la *Revue française*, d'Agen.

Ernest d'Orlange, direct. des Poètes de l'avenir.

Bourron, directeur du *Journal de Montélimar.*

Guy de Puyserpès, directeur de la Société des publications littéraires, à Paris.

Maurice Laugier, directeur de la société littéraire L'Union provinciale, à Marseille.

Ernest Chebroux, présid. de la *Lice chansonnière.*

Daniel Charbonnier, poète, de l'Allier.
Léon Delmotte » du Nord.
Emile Robert » du Lot.
Alfred du Fételle » de la Somme.
Eutrope Lambert » de la Charente.
Claudius Masson »
Le commandeur Weylant d'Hettanges, littérateur.
Marquis de Bimar, chevalier romain.
Guymiot, professeur (Charente-Inférieure)
Frère Ludowick, instituteur, Drôme.
J. Béthoret » Cher.
Génillier, chef d'institution à Paris.
Gilli, instituteur à Menton.
Comte de Bermond, Château Randon, Hérault.

L. HUMBERT, percepteur (Saône-et-Loire)

DEBLOIS, pensionnaire de l'Académie de France, à Rome.

Adolphe HUART, consul de Libéria, à Paris.

L'Académie des sciences de la Loire.
» des Jeux Floraux de Toulouse.
» Jasmin, à Agen.

Société florimontane de la Haute-Savoie.
» des sciences, lettres et arts de Montauban.
» française des amis de la paix.

Comité du Sou des écoles de St-Paul-3-Châteaux.

DE REBOUL, contrôleur à »
LACOMBE, pasteur »
BERTHET, dir. des mines de phosph. »
Docteur LATOUR »

Comte BLANCARDI, agronome à Villefranche s/mer.

Docteur MAURICE (d'Alep) secrétaire de la Société d'agriculture, industrie, sciences et arts de la Loire.

Docteur ESPAGNE, de la Faculté de Montpellier.
» LIPKAN, de la Société de Thérapeutique.
» MORVAN, à Paris.
» CAZENEUVE, à Montélimar.
» ROURE, à Pierrelatte.

PICARD, notaire »

CHOBAUT, directeur des carrières de Sainte-Juste.
BARON » »

Ludovic LECHANT, trésorier de la Société théosophique d'Orient et d'Occident, à Paris.

Pradelle-Astier, banquiers à Bourg-St-Andéol.

Honoré ARNOUL, secrétaire-général de la Société nationale d'encouragement au Bien.

Charles ROBERT, président du Comité de participation aux bénéfices, à Paris.

A. TRUBESSET, consul de San-Marino à Bordeaux.

Georges BONJEAN, président de la Société générale de protection pour l'enfance, à Paris.

Commandant Léon FÉRAUD, president-fondateur des Chevaliers-sauveteurs des Alpes-Maritimes.

Ch. BONNIOT, président des Sauveteurs de Marseille.
RENDU » de l'Oise.
ANDRIOT-GUÉRIN » de la Nièvre.
ARCHAMBAUD » de Cognac.
Albert CARON » bretons.
BURGUES » de la Seine.

Firmin FATALOT, président de la Société des anciens Sous-officiers de Nîmes.

Jules DELARUE, vice-président de la Société française de sauvetage, à Paris.

Henry PARIS, secrétaire-général des Hospitaliers-sauveteurs de Normandie.

GODIN, fondateur du Familistère de Guise.

Docteur BERTHERAUD, président des Hospitaliers d'Afrique, à Alger.

PETIT, président des Sauveteurs de la Dordogne.

BODSON père, administrateur de la Société des sauveteurs de la Seine.

Jules MOUREAUX, secrétaire-général des Sauveteurs bretons.

Baron Aimé d'Agnières, l'éminent philanthrope, chevalier, officier ou commandeur d'un grand nombre d'Ordres, fondateur d'un prix d'Encouragement au bien.

H. Bertaux, sauveteur de la Seine, grand-prix baron d'Agnières.

Grandhantz-Loiseau, philanthrope, à Paris.

Antonin Brun, docteur de l'Université, off. d'acad.

De Brévans, président de l'Association de l'Appui mutuel des Francs-Comtois, à Paris.

Vérar, directeur de l'association *Alsace-Lorraine*.

Edouard Merlieux, professeur de mathématiques, ancien membre de la Commune.

Honoré Benoist, » »

Cartier, travailleur, ardent philanthrope, membre du Comité du Sou des écoles de St-Paul-3-Chât.

Imbert frères, constructeurs à Saint-Chamond.

Joseph Catenod, direct. de la Compagnie générale des phosphates, à Lyon.

Bossant, insp. des édifices diocésains de l'Ardèche.

Henri Brissac, secrétaire de la Ligue des travailleurs à la paix internationale, à Paris.

Charles Lemonnier, président de la Ligue internationale pour la paix universelle, à Paris.

Frédéric Lacroix, domaine de Lugon (Gironde)

Marche, manufacturier à Monségur, Drôme.

Chobaut fils, étudiant, à Lyon.

Michel Broon, » en droit, à Grenoble.

Francisque Grimez » »

François Paulet, anarchiste militant. (Somme)

FÉLIBRIGE

Frédéric Mistral, *Capoulié* du Félibrige, Maillane.
Théodore Aubanel, grand-maître, à Avignon.
Joseph Roumanille » »
Victor Lieutaud, chancelier du Felibrige.
Félix Gras, syndic, à Avignon.
Louis Roumieux, félibre majoral, à Nîmes.
Achille Mir » Carcassonne.
Alphonse Tavan » Marseille.
Gabriel Azaïs » Béziers.
Comte de Toulouse-Lautrec, à Lavaur.
Léon de Berluc-Pérussis, félibre majoral.
Marius Bourrelly »
Marius Girard »
L'abbé Joseph Roux »
Jean Castela »
Albert Arnavielle »
Camille Laforgue, président de la Maintenance de Languedoc.
Jean Monné, secrétaire de la Maint[ce] de Provence.
Auguste Chastanet, félibre majoral.
Prince William Ch. Bonaparte-Wyse, majoral.
Ernest Chalamel, maître en gai-savoir.
Alexandrine Bremond »
L'abbé Louis Moutier, curé de Marsannes.
Albert Lafosse, à Montauban.
L'abbé Ernest Aberlenc, à St-Hilaire (Gard)
F. Grars, chev. de l'Ordre d'Isabelle »

Mlle Ouradou, d'Arles.
Mlle Blancard, de Marseille, laur. de la Cour d'amour
Mme la comtesse d'Any, à Pontivy.

POÉSIE

Son Altesse Marie de Lusignan, princesse royale de Chypre, de Jérusalem et d'Arménie.

Marquise de Blocqueville, née Davout d'Auerstædt.

Comtesse C. D. Coote, au Cap d'Antibes.

Mme Egerton, comtesse Vilton, la fée de Monte-Carlo.

Mme Edouard Lenoir, présidente des Concours poétiques de la Société biographique de France.

Mme Marie Magdeleine Hess, née Cosson, officier d'académie, commandeur du Venezuela, dame de l'Ordre du Saint-Sépulcre, patricienne d'Italie, Trésorière des salles d'asile, à Paris.

Mme Priou, médaillée du Gouvernement.

Mme veuve Désirée Cohen, à Orange.

Mlle Leroyer de Chantepie, à Angers.

Mlle Adélaïde Damet, des Muses santones.

Mme Lemaître, dame hospitalière bretonne.

Mlle Lise Coquillon, officier d'académie.

Madame la générale Bourbaki.

» la comtesse d'Autane, à St-Paul-3-Chât.

Mme Brulé-Lacour, chef d'Institution à Paris.

Mme la comtesse d'Agnières, née Amélie Marguerite de Faure d'Aubec.

Mlle G. François, institut. au château de Bergerès.

Sœur Sainte-Emélie, religieuse du Saint-Sacrement à Carpentras.

Mme Louise Brouard-Legros, poète (Loiret)

O. Souëstre, poète, à Paris.

Emilie Itey » (Gironde)

Louis Mond, direct. du journal *le Magicien.*

la baronne de Steuben, à Paris.

Mlle la comtesse O' Zon de Verrie, à Paris.

Lady Caithness, duchesse de Pomar, présidente de la Société théosophique d'Orient et d'Occident.

Mme la colonelle Staits de Harven.

L'éminente Louise Michel, conférencière, à Paris.

PRINCIPAUTE DE MONACO

DE PRIEUX, poète à Monte-Carlo.

Docteur SLUYS »

Alfred BIANCHI, commissaire de police

LA PRESSE

Journal *L'instituteur sténographe*, Paris.
L'ami de l'humanité »
la Tribune libre du clergé »
la Philosophie de l'avenir »
les Veillées des chaumières »
la Revanche anti-guerrière (Seine)
L'Hydre anarchiste, Lyon.
le Zig-Zag »
la République du Morvan.
L'écho du Morvan.
L'indépendant d'Orange.
l'Avenir de Beaume-les-Dames.
le Patriote de Chateaudun.
l'Abeille touloise.
L'avant-garde, Nantes.
L'album breton »
le Républicain de l'Aisne.
le Droit social, Marseille.
L'oursin »
le Pontias, à Nyons.
le Prisme, Issoudun.
L'hirondelle (Deux-Sèvres)
La vraie république (Vaucluse)
le Révolté, à Genève.
L'ortie (Belgique)
La jeune Belgique.
Le Moniteur des Syndicats ouvriers, Paris.
Le Journal de Francfort.

Journal *La France nouvelle*, Paris.
la France illustrée »
L'Ouvrier »
la Nation »
le Figaro »
le Coup de feu »
la Question sociale »
L'anti-Prussien »
le Farfadet »
la Tribune populaire »
La Revue littéraire et artistique, Paris.
La Petite revue »
La revue provinciale, à Marseille.
La revue française, à Agen.
La revue littéraire *le Feu-follet*, à Tulle.
» *le Biographe*, à Bordeaux.
Le livre *Les Etudiants et les femmes du Quartier-Latin*, Paris.

LETTRES DE FÉLICITATIONS

ITALIE

Cairoli, Président du Conseil des Ministres.
Biancheri » de la Chambre des députés.
G. Baccelli, Ministre de l'Instruction publique.
Copino » »
B. Grimaldi, ministre de l'Agriculture et du C^ce^
D. Berti » »
Zanardelli, ministre des Finances.
Magliani » »
Tommaso Villa, ministre de Grâce et Justice.
Nicotera, » de l'Intérieur.
Fr. Genala » des Travaux publics.

Général *Garibaldi*.
Cialdini, ambassadeur à Paris.
Stefano Canzio.

Francesco Perez, sénateur, maire de Palerme.
Commandeur *Tancredi Canonico*, sénateur.
F. Seismit-Doda, député.
Andrea Costa »
Rusdari »
Chevalier *Luigi Persone*, député provincial.

Baron *Peirolerie*, Directeur général au Ministère des affaires étrangères.

Tulto Massarani, sénateur.

Marchesi Gandolfi, député au Parlement.

Doct. *Giovanni Falleroni* »

Tamburini Goetani, direct. du journal *Il pensiero*.

Comte *E. Floritta* » *Il nomade*.

Cromier, directeur du journal *La fédération des peuples gréco-latins*, à Florence.

A. de Cesare, directeur de *Il laboro greco-latino*.

Chevalier *Sigismonde Brogi*, direct. du *Bulletino del naturalisto*, à Sienne.

Chevalier *Bandiera*, administrateur de la *Rivista italiana*.

Le journal *L'annunziatore*, de Naples.
le Diogène »
La rivista italiana, de Palerme.
La camicia rossa.
l'Ateneo, de Turin.
Il bersaglieri, de Rome.
Paris-Rome »

Le commandeur *Bocco-Mina*, publiciste.
» *Antonio Padula* »

Prince *de Teano*, président de la Société de géographie d'Italie, à Rome.

G. F. Cattanvi, membre de la même Société.

Prince *de la Scalea*, à Palerme.

Pietro Carducci, professeur, président de l'Ecole de Jurisprudence de Rome.

Abbé *Spera*, professeur à l'abbaye de Cava.

Com^dant^ *Celso*, gardien du tombeau de Garibaldi.

Baron *Domenico Margiotta*, publiciste.

G. Tarli, du comité dir. du *Reduco*, de Livourne.

Luigi Biginelli, théologien, recteur du Pio-retiro delle orfano, à Turin.

Antonio Cerimale, président du cercle académique de Lagonegro.

Commandeur *Biliotti*, président des Chevaliers de la croix-blanche.

Commandeur *N. Randazzo*, président de l'Académie Stesicorea de Catania.

Le chevalier *Brundalti*, professeur à l'Université royale de Turin et député au Parlement.

Vincenzo Demaria, »

V. Ferrara, dir. de la *Cronaca azzura*, à Naples.

M. F. Giannini, chevalier professeur, au collège de Lucques.

Commandeur *Foucault*, des comtes de Daugnon, direct. des Archives historiques de la noblesse.

Commandeur *Domenico Zaccarino*, président du cercle Giambattista Vico, de Naples.

Joseph Masi, présid. de l'Académie de San-Marino.

Docteur *Macario*, commandeur de la Couronne d'Italie, à Nice.

ANGLETERRE

Sir *Charles W. Dilkes*, du Foreing-Office.

Lord *Lyons*, ambassadeur à Paris.

Adrien de Lobel, consul à Arcachon.

Lewis Appleton, secrétaire de la Ligue de la paix internationale, Section anglaise.

Georges Buchanan, secrétaire-général de l'International arbitration, à Londres.

Annie Besant, du journal *The national reformer.*

J. Perpetua, directeur du collège *London Goos Society* de Tunis.

Martin Wood, Secrétaire général.

Prince *Lucien Bonaparte-Wyse*, Etudiant au collège de Saint-Gregory.

ESPAGNE

Canovas del Castillo, président du conseil des Ministres.

M. Alonso Martinez, ministre de Grâce et Justice.

PORTUGAL

Pedro Angelo Calleya, chargé d'affaires, consul de Guatemala et d'Haïti, à Lisbonne.

ROUMANIE

Société générale de géographie, à Bucharest.

Académie roumaine, "

Jean Deschly, sénateur "

Vogezzi Ruscalla, consul général à Turin.

HOLLANDE

Général *Van Swieten*, conseiller d'Etat, aide de camp du Roi de Hollande.

Van Soest, du Ministère des colonies.

BELGIQUE

Société littéraire *le Caveau vervictois*.

Joseph Geefs, professeur à l'Académie royale.

Emile de Laveleye, de l'Université de Liége.

Felix Guelton, directeur de *L'ortie*, à Huy.

Henry Hoeylaerts, consul d'Haïti à Bruxelles.

Hans Hold, vice-consul de la Suisse »

H. Bury, secrét. de la Société des libres-penseurs.

Dupuy, président de la Croix-rouge de Belgique.

DANEMARCK

Frédéric Bayer, député au Parlement.

ALLEMAGNE

Prince *de Hohenlohe*, ambassadeur à Paris.

Léopold Sonnemann, député de Francfort.

Rittinghausen, » de Cologne.

Jacques Kablé » de Strasbourg.

de Peyerimhoff, de la Délégat. d'Alsace-Lorraine.

Dunon, de la *Gazette de Cologne*.

Journal *La gazette de Francfort*.

Daniel Polak, maëstro, à Dresde.

Adam Sadtler, Hos-Duchduker, à Homburg.

EGYPTE

Nicolas Cossery, agent consulaire à Damiette.

Commandeur *Friederick de Nichichiewich de Nichea*, Délégué général des Chevaliers-Sauveteurs des Alpes-Maritimes.

AUTRICHE

Colonel *Staits de Harven.*

Julien Bruno, professeur d'histoire, à Vienne.

TURQUIE

Monseigneur *Carêne Oar Bey de Lusignan,* président du Saint-Synode, Prince-archevêque de Béchiktache, à Constantinople.

Dompierre, président de l'Institut oriental »

GRÈCE

Ramgabé, Ministre de Grèce à Berlin.

Le général *Coronéos*, député, à Athènes.

Etienne Coumanoubis, secrétaire de la Société archéologique d'Athènes.

Bétaud, Consul de Grèce à Genève.

Korrenssios, publiciste, à Athènes.

Le journal *L'Ekaektikh*, à Athènes, et le *Journal d'Athènes*

RUSSIE

Alexis Bordès, Capitaine de cavalerie à Saint-Pétersbourg.

AMÉRIQUE

A. H. Simpem, directeur de l'organe anarchiste *The radical review*, à Chicago.

Georges Pomeray, Consul général des Etats-Unis, au Caire.

Jean Baptiste Risso, Consul de Nicaragua, à Nice.

Baron *de Hoben*, Consul général de la République d'Haïti en Algérie.

Le général *D. Légitime*, Secrétaire d'Etat de la République d'Haïti.

Medina Crisanto, Ministre du Guatemala à Paris.

Prudent Moreau, antiquaire (République argentine)

PORTRAIT GRAPHOLOGIQUE
DE
JULES CÉSAR BLANCARD
PAR

A. VARINARD — Méthode ABBÉ MICHON

Vous avez, Monsieur, deux écritures : l'une est naturelle, l'autre est factice, quoiqu'elle ait pu devenir habituelle.

C'est d'après la première, mise au verso d'une petite pièce en vers imprimée, que je vais tracer votre portrait, sans négliger la seconde.

Sans orgueil ni fatuité, chose rare chez un poète, vous n'avez non plus nul égoïsme, et votre cœur palpite comme celui d'une femme.

Sentir vivement est précieux pour l'homme qui sacrifie aux Muses. (style de nos pères)

Sans être un fort volontaire, tant s'en faut, vous possédez un certain entrain, une certaine audace qui vous préserve du découragement.

La volonté étant pour toutes choses, en toutes circonstances, un instrument indispensable, je vous engage à en acquérir, ce qui n'est pas impossible.

A l'impressionabilité du cœur, vous joignez celle de l'esprit, de sorte que vous n'êtes jamais calme.

La prudence n'est pas votre maîtresse qualité, ce dont il faut peu s'étonner, les poètes laissant volontiers la prudence aux hommes de chiffres et aux bourgeois.....

Je ne vous étonnerai pas beaucoup, je pense, en vous disant que *la folle du logis* prend ses aises dans votre cerveau.

Vous avez l'intention d'être économe, et si vous n'y parvenez pas toujours, c'est moins votre faute que celle de votre molle volonté, de votre imagination, et de dame Poésie qui se soucie peu des vertus banales et des choses matérielles de la vie.

Cependant, il ne faut pas trop vous faire de reproches, l'intention étant bonne et le manque d'économie n'allant pas jusqu'à la prodigalité.

Votre intelligence est, comme il convient, mélangée d'intuitivité et de liductivité, par conséquent apte à penser et à raisonner, à synthétiser et à analyser, à concevoir et à réaliser, préservée de l'utopie par la logique, et du terre à terre par l'idéalisme.

Bonne organisation du cœur et de l'esprit.

Signé : Ad. VARINARD.

4 décembre 1883.

Certifié conforme à l'original, et surtout approbation plénière à l'esprit et à la lettre des considérants qui ont guidé l'auteur.

J. C. Blancard.

QUELQUES EXTRAITS

DE LETTRES REÇUES

OFFICIEL.

Berne, le 16 octobre 1874.

La Chancellerie de la Confédération suisse à M. Jules Blancard, à St-Paul-Trois-Châteaux.

MONSIEUR,

Le Conseil Fédéral nous a chargés de vous accuser réception et de vous remercier de l'envoi du poème intitulé *Le Rêve d'une nuit d'hiver*, que vous avez bien voulu adresser le 14 courant à M. le Président de la Confédération.

En nous acquittant avec plaisir de ce devoir, nous avons l'honneur de vous présenter, Monsieur, l'assurance de notre considération distinguée.

Au nom de la Chancellerie fédérale suisse,
Le Chancelier de la Confédération,
SCHIES.

Contre-signé : SULD, chancelier de l'Etat de Turgovie : BEFZSCHUSTER chancelier de l'Argovie ; J. SIDLER, chancelier de l'Etat de Lucerne ; Antoine CARTERET, président du Conseil d'Etat de Genève.

Monsieur Thiers a reçu le poème *Le rêve d'une nuit d'hiver*, que M. Jules Blancard a bien voulu lui envoyer.

Monsieur Thiers lui en adresse ses compliments avec ses remerciements.

Nice, le 22 novembre 1874.

A Monsieur Jules Blancard.

Je vous remercie de l'envoi de votre *Rêve d'une nuit d'hiver*.

Les nobles sentiments que vous exprimez si noblement dans vos vers m'ont vivement touché, et je vous demande la permission de vous adresser en échange l'assurance de ma cordiale sympathie.

Jules FAVRE.

Paris, 11 août 1875.

A Monsieur Jules Blancard.

CIRCOLO LUCANO
Scientifico, Umanitario.

Lagonegro, 25 novembre 1875.

Agregio signor Julio BLANCARD,

Grazie pel dono del suo bello e patriottico lavoro poetico, il cui tema è degno di loda sincera.

Noi dividiamo in tutto le sue aspirazioni, perciocchè crediamo che scala potente alla civiltà e l'istruzione obligatorio.

Il Presidente
Antonio CERIMALE.

Tout acò vai bèn, moun brave Jùli Blancard, gramaci ! Aquelo Niue d'ivèr es clafido d'estello ; tout acò vai bèn, mai anarié bèn mies encaro, se, liogo d'escriéure en franchimand, escriviés en prouvençau. Escrive dounc en prouvençau ; li diéu, aro, parlon qu'aquelo lengo. Parlo dounc, parlo la lengo di diéu !

Adiéu !

ROUMANILLE.

Avignoun, lou 17 d'abriéu 1875.

MONSIEUR,

Vous m'avez fait l'honneur de m'adresser votre poème *Le rêve d'une nuit d'hiver*. Les sentiments de dévouement dont la libre Suisse a fait preuve dans l'accueil hospitalier offert par elle à l'armée française en détresse, se trouvent gravés sur l'airain par votre poésie enchanteresse.

La France, notre noble sœur aînée, si féconde en génies, doit être fière de vous compter parmi ses enfants.

Recevez mes félicitations avec mes remercîments pour votre gracieux envoi, et agréez, Monsieur, l'assurance de ma parfaite considération.

Jean DESCHLY, *sénateur.*

Bucarest, (Roumanie) le 9 septembre 1875.

Nous sommes heureux d'annoncer aux poètes de notre pays, que nous avons reçu de M. Jules Blancard, de la Drôme, (France) un charmant poème dont il est l'auteur : *Le rêve d'une nuit d'hiver*.

Nous pensons que la Société des poètes de la Grèce fera ses efforts pour qu'on lise partout la nouvelle poésie.

KORRENSSIOS,
Directeur du journal *L'Ekaeklikb.*

Athènes, 13 septembre 1875.

A M. JULES BLANCARD.

Que ton rêve ardent, ô poète !
Devienne une réalité !
Nul pays, sans cette conquête,
N'est digne de la Liberté...

Docteur A. CHAVANNE,
Président du Conseil municipal de Lyon.

Lyon, 19 décembre 1875.

Versant des flots de poésie
En l'honneur de l'instruction,
Poète ! tu sers ta patrie
Et la civilisation.

DE PASTOREL DE CABRIÈRES.

Juin 1876.

AU FELIBRE JULES BLANCARD

Terre heureuse pour le félibre,
La fleur de Pétrarque renaît
Où, malgré l'hiver, à l'air libre,
Eclot la rose du sonnet.

Mme O. Souestre.

Paris, 15 décembre 1887.

EXTRAIT DU LIVRE

NOS CONTEMPORAINS

PAR LE VICOMTE DE LUSSAC

JULES CÉSAR BLANCARD

Le beau marchand d'habits Blancard
Est grand désormais dans l'Histoire ;
Se moquant du tiers et du quart,
Le beau marchand d'habits Blancard
Ne doit plus envier la gloire
De Mangin, ni de Léotard.
Le beau marchand d'habits Blancard
Est grand désormais dans l'Histoire.

Le marchand d'habits illustré
Nargue l'envieuse critique ;
De tous ses placards entouré,
Le marchand d'habits illustré
Se drape au fond de sa boutique ;
Par l'Etudiant adoré,
Le marchand d'habits illustré
Nargue l'envieuse critique...

Un poète adressait, il y a quelques années, ces triolets au fameux, au célèbre Blancard, dont les journaux se disputaient naguère le soin de faire la réputation.

Jules Blancard, né à Saint-Paul-Trois-Châteaux, le 21 Février 1830, vint à Paris vers 1852, il loua une modeste échoppe du Quartier-Latin, se fit marchand d'habits et grâce aux placards étourdissants dont il ornait sa devanture, ne tarda pas à fixer l'attention de tout ce Paris bruyant et facétieux que vous connaissez.

La Vérité, *le Temps*, *le Figaro*, *le Gaulois* et mille autres feuilles s'enrichirent des mirobolantes réclames du marchand d'habits illustré.

Dans un volume *Les Etudiants et les Femmes du Quartier-Latin*, on s'entretient ainsi de Blancard :

« Cet Habits-Galons, lecteurs, est un grand homme ; c'est un marchand d'habits illustré ! et célèbre, ma foi. Il fait beaucoup de bruit dans le monde. Le *Tintamarre* en a parlé à diverses reprises.

« Athènes même s'en est émue, et des profondeurs de la mer Ionienne, une voix s'est élevée qui s'est écriée :

« Ce marchand est un homme d'imagination qui aurait fait son chemin dans la littérature, quoiqu'il ne sache pas plus l'orthographe que le duc de Richelieu et Monsieur de Chateaubriand. Il se ruinera peut-être dans le commerce des habits, tant il est dangereux de manquer sa vocation.

« Le public regarde, rit et passe : voilà l'ingratitude du monde. »

Et ces paroles ont été reproduites par l'*Espérance* d'Athènes.

O lecteur ! un tel homme est un trésor précieux de littérature et de réclame que nous devons vous faire connaître plus à fond.

Car sachez le bien, il ne se contente pas de vendre du vieux drap ou du vieux cuir, il s'est fait inventeur et professeur d'un cours en plein vent, un cours de *Pantalontologie.*

Le voisinage des Facultés l'empêchait de dormir et il a voulu être autre chose qu'un marchand d'habits.

Il a fait de l'épopée à l'encre rouge et noire pour chaque pantalon ou paletot.

Chacun a sa physiologie.

O Monsieur Blancard ! vous êtes la quintessence de la réclame, le nec-plus-ultrà fantaisiste en matière de prospectus !

Aidez-nous donc un peu de votre talent, et ce modeste petit livre, ainsi que vos écriteaux, fera le tour du monde !...

Sur ce, salut et bonne chance, ô roi des charlatans et des *Habits-Galons !!*

Cette providence des Etudiants ferme boutique en affichant sa dernière réclame :

Liquidation pour cause de fortune faite !

C'est Blancard qui invente cette pancarte trompe-l'œil :

« Peuples, venez à moi, je briserai vos chaînes

.... de montre ... pour toujours !... Et je ne vous demande en échange que vos reconnaissances.... celles du Mont-de-Piété !...

Jules César Blancard mange loyalement ses revenus et écrit en vers ... et contre tous !

VICOMTE DE LUSSAC.

Bordeaux, 1873.

Enfin, je dois pourtant conclure, car, si j'en crois mon pressentiment, il me semble que ça tire ... en longueur !

Du reste, j'entends une de ces voix intérieures décrites par le génie de Victor Hugo qui me crie : *La clôture !.. la clôture !...*

En conséquence, je conclus par un sonnet d'à-propos.

SOUVENIR DU QUARTIER-LATIN

A L'OCCASION DE MON ADMISSION DANS LA SOCIÉTÉ GÉNÉRALE DES ÉTUDIANTS DE NANCY

Dignus est intrare.

Salut, o noble Etudiant!
Toi si gai, semaine et dimanche,
Toujours alerte, insouciant,
Type accompli de gaieté franche.

Salut, salut, mon vieux client,
De ton banquier... c'est la revanche!
Encore aujourd'hui confiant,
Permets qu'en ton sein je m'épanche.

T'en souvient-il, des aneiens jours,
Lorsqu'en panne... au bras tes amours,
Tu contournais ma bonhomie?

Va, tu peux m'admettre en ton rang,
Car, sinon nourri de ton sang,
Du moins, j'ai vécu de ta vie!...

JULES CÉSAR BLANCARD.

LES BIBLIOPHILES

Ici-bas, tout chacun son goût :
Des livres je collectionne ;
Faire la lumière partout,
Voilà ce que j'ambitionne.

Harpagon, tout se voit au bout,
Toi que l'âpre gain aiguillonne,
Et toi, Chauvin, toi Brûle-tout !
Avec ton ardeur fanfaronne ;

Vos rôles sont loin d'être beaux,
Tous deux, vous creusez des tombeaux
Et d'erreurs remplissez la terre,

Alors qu'en nous, ardents chercheurs,
Des mille et mille travailleurs,
Trouvons un terme à la misère.

Jules Blancard.

Saint-Paul-Trois-Châteaux, 1er janvier 18[illegible]6.

NOTES EXPLICATIVES

Désireux de ne point passer pour un niais ou un imposteur, je crois devoir donner ici quelques explications sur la nomenclature de titres si divers et si multiples que je n'étale en cette biographie que pour démontrer l'originalité de la chose...

La plus grande partie de ces décorations n'est formée que d'insignes de convention adoptés par des Sociétés plus ou moins littéraires ou humanitaires : elles n'ont par conséquent qu'une valeur relative puisque chacun peut y atteindre moyennant de la bonne volonté et quelque peu de monnaie avec.

Du reste, voici comment cela m'est venu :

Un beau matin, il y a quelque dix ans de ça, alors qu'en mon cabinet de rêverie j'étais, les yeux levés vers le plafond, en train de faire un doigt de cour aux Muses, pendant qu'en bas de ma fenêtre la fauvette gazouillait, que dans les broussailles le merle moqueur sifflait, et que dans l'espace l'alouette chantait... le toc-toc ! du facteur vint me rappeler à la réalité, et mon gracieux porteur de nouvelles, les yeux démésurément ouverts d'étonnement, me tendit d'une main frémissante un gigantesque pli, de rouge cacheté, dont la suscription en élégante ronde portait cet en-tête imprimé :

Académie Royale de ... Cabinet du Président. — Confidentiel. —

Intrigué, — on le serait à moins ! — j'ouvris la lettre et j'y lus ceci :

ACADÉMIE ROYALE
de
. . . .
CABINET DU PRÉSIDENT
N° F°

Monsieur Jules Blancard, poète français
à Saint-Paul-Trois-Châteaux, (Drôme)

ILLUSTRE POÈTE,

L'éclat de votre nom étant venu jusqu'à nous, et l'Académie Royale de . . étant désireuse de s'attacher un nom étranger grand à plus d'un titre, en assemblée réuni, le Conseil a décidé de vous offrir le titre de Membre correspondant honoraire (Section de Poésie), avec prérogatives y attachées, qui sont, entre autres, le port en séances publiques de la croix de mérite en sautoir.

Si vous daignez, illustre poète, accepter notre proposition, vous n'avez qu'à signer l'acceptation ci-incluse, en vous conformant à l'article *sept* du règlement, et nous renvoyer le tout pour recevoir par retour du courrier et la croix et le diplôme.

Signé : Comte de X...
Président.

Contre-signé : Vicomte de Z... *secrétaire,*
Marquis de X.. et de Z... *membre du Conseil d'Administration.*
Vu : Le Commandeur Un tel.., *Grand Chancelier.*

Etourdi par cette bombe me tombant en plein sur l'occiput, et croyant sur le moment que *c'était arrivé*, je signai des deux mains l'acceptation demandée, me conformant sans compter au fameux article sept, qui réglait à part les droits de chancellerie, et j'expédiai le tout sous pli recommandé.

Le résultat ne se fit pas attendre, car, peu de temps après, avec une lettre d'éloges et de gratitude, je reçus une cassette au fronton armorié recélant dans ses flancs cramoisis un parchemin dûment signé, contre-signé et scellé, et encadré d'indéchiffrables et fulgurants hiéroglyphes ; et, de plus, suspendue à un ruban aux couleurs nationales du pays, une croix prétendue d'or et large comme la main !

Etonné et ahuri, je le fus en effet sur le moment ; mais conscient de mon insuffisance à tant d'honneur, je ne fus point dupe et me laissai congratuler ainsi pour mieux tromper l'espion et voir venir.

Je vis en effet qu'au bout de quelque temps encore une pareille proposition se renouvelait d'un autre coin non moins éloigné de partout.... puis une autre, puis une autre... jusqu'à extinction de tous les grades de chevalerie, de commanderie et autres dignités.... jusqu'à des titres nobiliaires, avec ou sans hérédité ! — Wilson n'était pas encore inventé en ce temps-là : d'où il faut conclure que ce prétendu héros ne fut qu'un plagiaire plus tard...

Notons que pour appuyer la chose et lui donner une apparence d'autorité, maints journaux grands et petits, enregistrant ces différentes nominations ou promotions, me parvenaient de tous côtés et confirmaient ainsi le tout aux yeux et dans l'esprit de mon entourage.

Moi-même, ainsi choyé et caressé, — ma petite vanité aidant — j'en arrivais à ne contempler que le bon côté de la médaille, négligeant le revers, et je finissais, à la longue, par me persuader que... c'était arrivé !.. tant il est vrai que nous sommes tous portés à croire à ce que nous désirons.

Comme les filles qui ne demandent pas mieux... je me laissai tromper assez philosophiquement, par la raison que ça chatouille et que ça plaît au superlatif!...

Toutefois, ami lecteurs, croyez bien qu'au fond, tout à fait au fond... ayant conscience de mes faibles exploits, je ne me suis jamais mépris complètement sur ces manœuvres aussi étranges qu'intéressées, et n'ai vraiment jamais pris au sérieux ces avalanches de croix suspendues à des aunées de rubans multicolores auxquelles des héros vrais, tels que les Pasteur, les de Brazza et autres ne sauraient aspirer sans danger.

Si, dans cette sainte litanie de titres et de croix, il en est deux ou trois que je ne récuse pas et dont je m'honore, examen fait et expérience acquise, j'en répudie le plus grand nombre et n'enregistre le tout en masse confondue que par drôlerie ... et comme sujet d'étude pour les historiographes tricastins de l'avenir.

Je termine par les réflexions suivantes :

Oui, de même qu'il y a des peines édictées pour les faits délictueux, il faut admettre des récompenses pour reconnaître et encourager le bien.

Oui, il est bon, et partant il est permis d'être ambitieux et de convoiter les grandeurs et les honneurs y attachés ; car, de même qu'il faut être curieux pour être savant, il faut être audacieux et ambitieux pour arriver : *Audaces fortuna juvat !*

Oui, seuls les ambitieux produisent et arrivent, car les timorés et les humbles, en poules mouillées qu'ils sont, ne savent que geindre dans leur coin, sans tenter de produire quoi que ce soit de nouveau et d'utile.

On a beau arguer de ce principe primordial que la satisfaction du devoir accompli suffit à l'homme juste : cela se dit, mais ne s'applique guère, et la preuve, c'est que l'on ne voit que peu ou point d'œuvres méritoires, soit dans les arts ou dans les sciences, sans nom d'auteur, et la génération qui suit n'a garde de laisser péricliter le brin de gloire militaire ou autre que lui a légué son illustre aïeul !

L'enfant bien né n'a d'autres vues que de marcher sur les traces de son illustre père : donc l'orgueil, dans ce cas, est légitime et louable.

Du reste, dans le cas contraire, l'orgueil qui naît d'une mauvaise action, ce n'est plus de l'orgueil, c'est du cynisme révoltant et à tout jamais coupable et damnable.

L'acteur, chacun sait ça, ne se soutient que de bravos !.. Or, sur cette grande scène de la vie, où la comédie se joue quotidiennement et perpétuellement, ne sommes-nous pas tous des acteurs en vue ou des comparses plus ou moins effacés dans les coulisses, mais non moins comédiens quand même?.. Doublure ou premier rôle, c'est synonyme, et chacun tient à être remarqué le plus possible.

Dans les camps de Bellone, si les vertus civiques font des héros, l'appât d'une croix et d'une citation à l'ordre du jour en fait aussi.

Voyez tout dernièrement ce que fit l'Etat en quête de sous-officiers pour son armée : il crut remédier à cette pénurie en offrant aux réengagés des avantages moraux et physiques, c'est-à-dire qu'il leur offrit plus d'argent et plus de galon qu'autrefois ! Laissant de côté la fibre patriotique qui ne vibre plus guère que dans les livres, et sentant bien que les grands mots : *gloire* et *victoire !* sont le vieux jeu et n'ont plus cours... le Gouvernement, par la bouche d'un sénateur à la tribune lors de la discussion des lois militaires, leur dit tout bêtement : Braves sous-officiers, au bout de votre congé réglementaire, rengagez-vous, ne nous lâchez pas ainsi ! revenez à nous, et nous vous donnerons une torsade d'or aux épaulettes et un vieux sabre réformé au côté, ce qui, vous donnant l'air de quarts-d'officier grandira certainement votre prestige aux yeux des populations imbéciles !...

Ce qui fut dit fut fait et, depuis lors, nous voyons parader sur nos boulevards de nouveaux déguisés que l'on ne reconnaît pas tout d'abord, mais que l'on apprend être des sous-off... rengagés, jusque là rétifs aux appels du prétendu patriotisme, et qu'un uniforme plus éclatant et surtout un long sabre en place du vulgaire coupe-choux, ont séduits et captivés.

Quand j'étais enfant, si mon père m'eût apporté ainsi de la foire de Beaucaire un sabre comme ceux que traînent maintenant nos modernes Achilles, sûrement, j'aurais à moi seul franchi des montagnes !

Eh bien, aujourd'hui, on ne traite pas autrement les hommes ! ce qui prouve que, malgré la barbe, le caractère reste toujours enfantin et qu'il nous faut encore de brillantes couleurs et des hochets non moins brillants pour nous séduire et nous conduire.

Donc, pourquoi tenter de réagir contre ce penchant originel ? Vous n'encouragerez pas plus au bien par la simple persuasion que vous n'éviterez le mal par le sentiment. Si je commets une faute, un mois, deux mois, six mois de prison me le disent !.. Si au contraire je suis le héros d'une vaillante action, mon sentiment intime ne me suffit pas et je ne suis nullement fâché qu'un signe distinctif autant qu'honorifique vienne me le rappeler et le dire à tous les échos ! (En cela, je ne suis que juste.)

Maintenant, il ne faut pas confondre autour avec alentour, et distinction avec profusion. Malheureusement, l'homme tombe toujours dans les extrêmes. Si mes insignes de Sociétés philanthropiques ne signifient rien, et je le reconnais, que signifient à leur tour ces innombrables médailles commémoratives de Crimée, d'Italie, du Tonkin ou d'ailleurs ?

Moi, je trouve que ces décorations ne signifient absolument rien, sauf peut-être un peu de ridicule ! Or, on sait qu'en France le ridicule tue.

Il est ridicule, en effet, de donner à tout pioupiou, du colonel à l'infirmier, le droit de se gaudir d'un ruban qu'il ne doit qu'à la force des choses ! Et de même que dans les accidents on invoque la force majeure comme moyen d'irresponsabilité, de même les envoyés de force au Tonkin n'en sont pas responsables ; par conséquent, ils n'ont pas plus de droits à une distinction que leurs congénères artilleurs d'ambulance ou porteurs de soupes restés de par le sort, à Nogent-le-Rotrou ou à Brétigny-les-Chaussettes !... Non, être parti en guerre, souvent malgré soi, placé qu'on est par la loi entre le prétendu devoir et les gendarmes, ne constitue pas un titre suffisant à un signe quelconque de distinction : c'est la décoration en masse octroyée à des porte-giberne qui n'ont fait qu'obéir à un ordre auquel il leur eût été bien difficile, sinon impossible, de se soustraire.

Or, si ces soldats ont combattu les Chinois, moi j'ai combattu les abus... Or, s'ils ont droit, de ce simple fait, à porter un ruban, je ne vois pas pourquoi je priverais ma boutonnière d'une égale faveur au moins autant méritée.

Enfin, pour conclure, disons qu'il y a du vrai et du faux en toute chose, que l'humanité a ses vertus et ses faiblesses, que rien n'est parfait dans le monde — le soleil lui-même a des taches ! — et que si je suis le premier à diminuer le prix de mes propres brochettes, du moins que le lecteur indulgent me tienne compte de mes bonnes intentions, et je serai content, et pour l'instant cela suffira à ma gloire.

Jules Blancard.

TABLE

Soc. de Typ. - Noizette, 8, r. Campagne-1re Paris

www.ingramcontent.com/pod-product-compliance
Ingram Content Group UK Ltd.
Pitfield, Milton Keynes, MK11 3LW, UK
UKHW020345180726
13839UKWH00002B/930

9 782329 494272